AF152210

BEI GRIN MACHT SICH IHR
WISSEN BEZAHLT

- Wir veröffentlichen Ihre Hausarbeit,
  Bachelor- und Masterarbeit

- Ihr eigenes eBook und Buch -
  weltweit in allen wichtigen Shops

- Verdienen Sie an jedem Verkauf

Jetzt bei www.GRIN.com hochladen
und kostenlos publizieren

Anonym

Methoden der Webarchivierung am Beispiel der Webseite der Stadt Bamberg

GRIN Verlag

Bibliografische Information der Deutschen Nationalbibliothek:

Die Deutsche Bibliothek verzeichnet diese Publikation in der Deutschen National-
bibliografie; detaillierte bibliografische Daten sind im Internet über http://dnb.d-
nb.de/ abrufbar.

Dieses Werk sowie alle darin enthaltenen einzelnen Beiträge und Abbildungen
sind urheberrechtlich geschützt. Jede Verwertung, die nicht ausdrücklich vom
Urheberrechtsschutz zugelassen ist, bedarf der vorherigen Zustimmung des Verla-
ges. Das gilt insbesondere für Vervielfältigungen, Bearbeitungen, Übersetzungen,
Mikroverfilmungen, Auswertungen durch Datenbanken und für die Einspeicherung
und Verarbeitung in elektronische Systeme. Alle Rechte, auch die des auszugsweisen
Nachdrucks, der fotomechanischen Wiedergabe (einschließlich Mikrokopie) sowie
der Auswertung durch Datenbanken oder ähnliche Einrichtungen, vorbehalten.

Impressum:

Copyright © 2011 GRIN Verlag GmbH
Druck und Bindung: Books on Demand GmbH, Norderstedt Germany
ISBN: 978-3-640-88791-0

Dieses Buch bei GRIN:

http://www.grin.com/de/e-book/169417/methoden-der-webarchivierung-am-beispiel-
der-webseite-der-stadt-bamberg

GRIN - Your knowledge has value

Der GRIN Verlag publiziert seit 1998 wissenschaftliche Arbeiten von Studenten, Hochschullehrern und anderen Akademikern als eBook und gedrucktes Buch. Die Verlagswebsite www.grin.com ist die ideale Plattform zur Veröffentlichung von Hausarbeiten, Abschlussarbeiten, wissenschaftlichen Aufsätzen, Dissertationen und Fachbüchern.

Besuchen Sie uns im Internet:

http://www.grin.com/

http://www.facebook.com/grincom

http://www.twitter.com/grin_com

Lehrstuhl für Angewandte Informatik in den
Kultur-, Geschichts- und Geowissenschaften
Otto-Friedrich-Universität Bamberg

KInf-Sem-M: Masterseminar Kulturinformatik
Methoden der Langzeitarchivierung
Wintersemester 2010/2011

Methoden der Webarchivierung am Beispiel der

Webseite der Stadt Bamberg

11. Februar 2011

Inhaltsverzeichnis

I   Abbildungsverzeichnis

II   Tabellenverzeichnis

III   Abkürzungsverzeichnis

GB	Gigabyte
Http	Hypertext Transfer Protocol
MB	Megabyte
UI	User Interface
URI	Unified Resource Indentifier
URL	Unified Resource Locator
XML	Extensible Markup Language

1 Einleitung

"The idea is to build a library of everything, and the opportunity is to build a great library that offers universal access to all of human knowledge."[1] Diese Aussage stammt aus einem Interview mit Brewster Kahle aus dem Jahr 2002 und bezieht sich dabei auf die Vision, die hinter dem von ihm gegründeten Internet Archive steht. Das Internet Archive[2] ist die größte und wohl bekannteste Initiative zur Archivierung von Webseiten weltweit. Und auch wenn die These, das Internet umfasse das gesamte menschliche Wissen, zumindest diskutabel ist, zeigt sie doch, welche Bedeutung man den Inhalten des Internets und deren Bewahrung beimessen kann und in welche Richtung dessen Entwicklung gehen könnte.

Für die konkrete Durchführung der Archivierungsvorgänge bedarf es aber der Unterstützung durch entsprechende Software-Tools. Als Quasi-Standard für größere Archivierungsprojekte wird in der Fachliteratur immer wieder auf den Open-Source-Crawler Heritrix[3] in Verbindung mit der Software Wayback[4] verwiesen[5], welche die spätere Rekonstruktion der Webseiten ermöglicht.

Doch wie hilfreich sind die mit diesen Tools entwickelten Snapshots von Webseiten für konkrete regionale Anwendungsszenarien, die über das Nachempfinden des *Look And Feels* historischer Seiten hinausgehen? Nicht zuletzt aufgrund mangelnder Qualität der Archivinhalte des Internet Archives zur Domain http://www.stadt.bamberg.de/ hat das Stadtarchiv Bamberg 2009 begonnen, selbst in regelmäßigen Abständen auf konventionellen Weg einen Snapshot vom Internetauftritt der Stadt Bamberg zu erstellen, dessen Qualität zusätzlich durch erhöhten Aufwand mittels manueller Nachbearbeitung sichergestellt wird. Zeigt das Beispiel des Internet Archives, dass Tools, die für die Verwendung auf sehr großen Webkollektionen entwickelt wurden, tendenziell eher ungeeignet für kleine Archivierungsprojekte sind oder bieten sich Heritrix und Wayback auch für das Stadtarchiv Bamberg zur Verwendung an? Ziel der Arbeit ist es, dieser Frage nachzugehen.

Nach einem theoretischen Einstieg in die Methodik der Webarchivierung werden dazu in Kapitel 3 zunächst Architektur und Funktionsumfang von Heritrix und Wayback beleuchtet. Später wird dann ein Snapshot[6] von der Homepage der Stadt Bamberg, welcher vollautomatisch mit Heritrix erstellt wurde, exemplarisch den Snapshots des Stadtarchiv und denen des Internet Archives gegenübergestellt und hinsichtlich unterschiedlicher Kriterien verglichen. Letztlich sollen die Ergebnisse in einem Fazit bewertet und ein Ausblick auf die weitere Entwicklung von Heritrix und Wayback gegeben werden.

---

[1] Koman und Kahle 2002 .
[2] http://www.archive.org/
[3] http://crawler.archive.org/
[4] http://archive-access.sourceforge.net/projects/wayback/
[5] Vgl. Neuroth et al. 2009 S.97.
[6] Snapshot wird im Folgenden als Begriff für eine komplette Kopie einer Webseite verwendet werden.

2 Herausforderungen und Methoden der Webarchivierung

Dieses Kapitel soll eine Einführung in die Webarchivierung geben, indem grundlegende Herausforderungen bei der Archivierung des Internets angesprochen werden und der Prozess der Webarchivierung erläutert wird.

2.1 *Herausforderungen der Webarchivierung*

Die Herausforderung bei der Webarchivierung liegt grundlegend in der Struktur des Internets. Das Internet ist so groß, dass es unrealistisch ist zu glauben, man könnte tatsächlich dauerhaft das gesamte Internet archivieren. Darüber hinaus ist es sehr dynamisch und verändert sich fortwährend[1]. Viele Informationen sind nicht über konkrete Adressen, sondern nur über das Nachverfolgen von Linkstrukturen zugänglich[2]. 2001 hat Lyman eine Schätzung zitiert, nach welcher die durchschnittliche Zeitspanne, die ein Dokument im Internet verfügbar ist, gerade einmal 44 Tage beträgt[3].

Weitere Herausforderungen bei der Webarchivierung ist beispielsweise das Hidden Web, welches für Crawler unsichtbar ist, da ihr Inhalt dynamisch etwa durch das Ausfüllen eines Formulars oder die Ausführung eines Scripts generiert wird. Dabei wird geschätzt, dass das Hidden Web bis zu 500mal größer ist als das Internet an der Oberfläche[4]. Aber auch das Herausfiltern von Spam und Werbung aus den Archivinhalten ist derzeit noch Forschungsgegenstand[5].

Eine weitere bisher ungeklärte Frage richtet sich nach der Rechtsgrundlage der Webarchivierung. Lyman schrieb dazu 2002: „The Digital Dilemma concludes that the Web is copyrighted in principle, but notes public confusion on the issue and explores ambiguities that make it unclear whether archives have the right to make preservation copies and preserve them using migration strategies."[6]. Auch wenn dies nur ein kurzer Anriss der Probleme ist, mit denen man bei der Webarchivierung konfrontiert wird, verdeutlichen sie doch die Herausforderungen, die diese mit sich bringt.

2.2 *Methodik zur Webarchivierung*

Masanès versteht die Webarchivierung als einen Prozess, in dem wiederkehrend nacheinander die Phasen *Selection*, *Capture*, *Archiving*, *Access* und *Quality Review* durchlaufen werden (siehe Abbildung 1). Der Selektionsprozess steht dabei am Anfang dieses Kreislaufs und erfordert zunächst

---

[1] Vgl. Day 2004 S.463.
[2] Vgl. Lyman 2002 S.39.
[3] Vgl. Lyman 2002 S.38.
[4] Vgl. Masanès 2006 S.22 und Lyman 2002 S.41.
[5] Vgl. Erdélyi et al. 2009 S.1f.
[6] Lyman 2002 S.45.

eine Definition der *Selection Policy*, um die resultierende Ergebnismenge in den Dimensionen Typ, Ausbreitung und Qualität einzugrenzen[1].

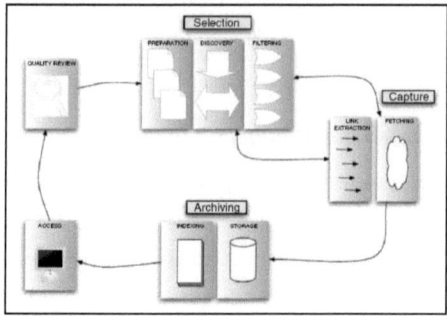

Abbildung 1: Die einzelnen Phasen der Webarchivierung[2]

Dazu besteht die Phase der *Selection* aus drei Unterphasen: *Preparation, Discovery* und *Filtering*. Zunächst wird in der *Preparation* definiert, welche Inhalte, wo und wie häufig gesucht und archiviert werden sollen und die dafür einzusetzenden Tools werden festgelegt[3]. Dabei unterscheidet Masanès zwischen vier Arten von Tools:

- **Hubs** sind Verzeichnisse, die eine Linksammlung zu einem bestimmten Thema enthalten.
- Die Funktionalität von **Suchmaschinen** kann in der Form verwendet werden, dass man die Ergebnisse der Suchmaschinen zu einschlägigen Suchanfragen archiviert.
- Und **Crawler** durchsuchen das Internet, indem sie der Linkstruktur von Dokumenten folgen.
- Zusätzlich könnten aber auch noch **externe Quellen** wie beispielsweise Printmedien verwendet werden[4].

In der Phase *Discovery* werden dann neue Dokumente entdeckt, indem beispielsweise nach und nach die Linkstruktur verfolgt wird, die ein Crawler findet oder etwa die Links eines Hubs abgearbeitet werden. Anschließend sollte die gefundene Ergebnismenge noch hinsichtlich solcher Filterkriterien wie Qualität, Genre, Thema und Autor eingegrenzt werden[5].

In der anschließenden Phase *Capture* werden Links extrahiert und deren Inhalte aus dem Internet heruntergeladen. Diese gefilterten Inhalte werden dann in der Phase *Archiving* gespeichert und mit einem Index für den Zugriff versehen. In der Phase *Access* kommt es dann wieder zum Abruf und der Rekonstruktion der archivierten Webseiten, ehe diese in der *Quality Review* Phase bezüglich der ursprünglichen Zielsetzung geprüft werden[6].

---

[1] Vgl. Masanés 2006 S.72.
[2] Masanés 2006 S.71.
[3] Vgl. Masanés 2006 S.82.
[4] Vgl. Masanés 2006 S.83f.
[5] Vgl. Masanés 2006 S.85-88.
[6] Vgl. Masanés 2006 S.71.

3

3 Software-Werkezeuge zur Webarchivierung

Der Ansatz zur Softwareunterstützung bei größeren Webarchivierungsprojekten, der inzwischen zu einer Art Quasi-Standard geworden ist, umfasst die von Internet Archive initiierten Open-Source-Projekte des Crawlers Heritrix und Wayback unter Verwendung des ARC-Dateiformats. Funktionsumfang und Architektur dieser Technologien soll im Folgenden vorgestellt werden. Wie diese Technologien die Phasen *Selection, Capture, Archiving* und *Access* unterstützen, zeigt Abbildung 2.

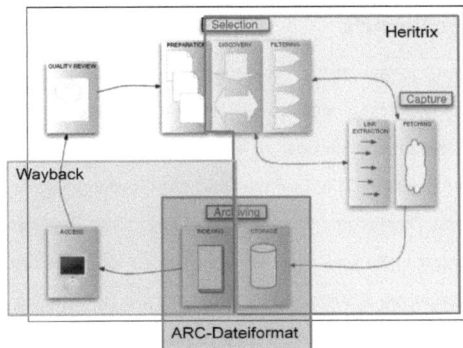

Abbildung 2: Tool-Unterstützung einzelner Phasen der Webarchivierung

3.1 Der Crawler Heritrix

Der Crawler Heritrix geht auf eine Initiative des Internet Archive aus dem Jahre 2002 zurück. Bei der Entwicklung wurde Wert darauf gelegt, dass der Crawler unterschiedliche Use Cases unterstützt.

- **Broad crawling**: Beschreibt das Crawlen sehr umfangreicher Kollektionen von Webseiten unter Einsatz großer Ressourcenmengen an Bandbreite, Speicherplatz und Zeit. Die absolute Anzahl gefundener Webseiten und der Grad der kompletten Erfassung der Seiten sind dabei gleichwertige Ziele.

- **Focused crawling**: Sind Crawls mittlerer Größenordnung   gewöhnlich mit weniger als 10 Millionen Dokumenten. Im Vordergrund steht dabei eine möglichst komplette Erfassung der einzelnen Webseiten.

- **Continious crawling**: Bei dieser Art des Crawlings werden Seiten nicht nur einfach, sondern wiederholt besucht, um Änderungen im Zeitverlauf nachzuvollziehen.

- **Experimental crawling**: Heritirx sollte erweiterbar sein und so das experimentelle Crawlen mit unterschiedlichen Techniken, Zieldokumenttypen und Protokollen und die Analyse der Ergebnisse ermöglichen[1].

---

[1] Vgl. zu allen Use Cases Mohr et al. 2004 S.1.

4

3.1.1 Funktionsweise von Heritrix

Der grundsätzliche Ablauf beim Crawlen ist dem eines gewöhnlichen Webcrawlers sehr ähnlich. Er arbeitet mit einem Pool an Start-URIs, der *Seed*. Die URIs darin werden nacheinander kontaktiert und die Inhalte abgerufen. Diese Inhalte werden dann wiederum auf neue URIs analysiert und je nach Strategie verworfen oder der *Seed* neu hinzugefügt. Der Crawljob endet, sobald er alle URIs in der *Seed* abgearbeitet hat, oder eine andere Abbruchbedingung eintritt[1].

3.1.2 Architektur von Heritrix

Was die Architektur angeht, so ist Heritrix komponentenbasiert aus Haupt- und Untermodulen aufgebaut. Die modulare Architektur erlaubt es Nutzern, später einzelne Module je nach Einsatzzweck des Crawlers auszutauschen oder zu erweitern[2]. Dabei können auch eigene Module implementiert und verwendet werden. Die Funktionalität des Crawlvorgangs wird im Wesentlichen durch die drei Module *Scope, Frontier* und *Processor Chain* abgedeckt. Die *Scope* bestimmt, welche der URIs, die gefunden wurden, in die *Seed* aufgenommen werden sollten und welche nicht. Sie kann daher als technische Umsetzung der *Selection Policy* betrachtet werden und ihre Konfiguration sollte entsprechend sorgfältig angegangen werden. Dagegen überwacht die *Frontier*, dass URIs nicht unnötig doppelt kontaktiert werden und ist verantwortlich dafür, in welcher Reihenfolge die URIs in der *Seed* abgearbeitet werden. Die *Process Chain* bündelt modulare Prozesse, die jeweils spezifische Aktionen auf den gecrawlten URIs ausführen. Diese Prozesse umfassen das Abrufen des Inhalts der URI, deren Analyse, das Übermitteln neu entdeckter URIs an die *Frontier* und die Archivierung der Inhalte in ARC-Dateien (siehe Kapitel 3.2)[3].

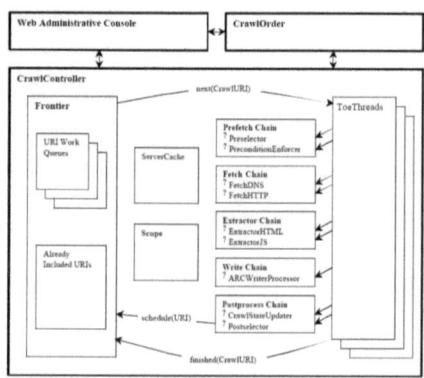

Abbildung 3: Die Hauptkomponenten des Crawlers und ihre Beziehungen

---

[1] Vgl. Mohr et al. 2004 S.5.
[2] Vgl. Mohr et al. 2004 S.4f.
[3] Vgl. Mohr et al. 2004 S.5.

Scope, Frontier und *Processor Chain* sind im *CrawlController* gekapselt. Weitere Hauptkomponenten von Heritrix sind die *Web Administrative Console* und die *CrawlOrder*[1]. Abbildung 3 zeigt diese Komponenten und ihre Beziehungen zueinander.

Die *Web Administrative Console* stellt die Nutzerschnittstelle in Form eines Webinterface zur Verfügung. Sie erlaubt dem Nutzer, einen Crawl zu planen und zu konfigurieren. Im Detail geschieht das über das Setzen bestimmter Parameter und Einstellungen. Diese bestimmen beispielsweise, wie tief gecrawlt werden soll, welchen zeitlichen Mindestabstände zwischen zwei Anfragen auf dem gleiche Server einzuhalten sind, wie viele Threads eingesetzt werden sollen und ob und bis zu welcher Größe die gefundenen Inhalte archiviert werden sollen[2]. Die gesetzten Einstellungen werden schließlich in einem Konfigurationsobjekt, der *CrawlOrder*, gebündelt. Mit Übergabe der *CrawlOrder* an den *CrawlController* wird der Crawlvorgang dann initiiert[3].

3.1.3 Modulare Verwendung von Heritrix

Das Webinterface bietet aber auch die Möglichkeit, zwischen unterschiedlichen Implementierungen der Module *Scope, Frontier* und *Process Chain* zu wählen. Das standardmäßig eingesetzte *Frontier*-Modul verfolgt beispielsweise einen Ansatz, der einer Breitensuche entspricht. Dies kann aber bei sehr großen Crawls dazu führen, dass tiefere Ebenen von Webseiten gar nicht oder erst mit sehr großer zeitlicher Verzögerung besucht werden. Für solche Fälle wäre der Einsatz eines *Frontier*-Moduls sinnvoll, das stattdessen eine Tiefensuche implementiert. Für das *Scope*-Modul kann zwischen unterschiedlichen bereits implementierten Alternativen gewählt werden, die einfache *Selection Policies* wie eine Beschränkung auf Webseiten eines bestimmten Servers oder einer bestimmten Domain abbilden. Für komplexere *Selection Policies*, die zum Beispiel eine thematische Einschränkung fordern, kann das Modul *DecidingScope* verwendet werden. Bei dessen Anwendung werden auf eine URI nacheinander eine Reihe von Regeln angewandt, um zu entscheiden, ob eine URI akzeptiert wird oder nicht. Ausschlaggebend dafür ist der Wert einer booleschen Variable nach Anwendung der letzten Regel. Dabei setzt jede Regel die Variable nach Prüfung der URI entweder auf einen neuen Wert oder nicht. Die Regeln selbst können je nach *Selection Policy* vom Anwender selbst definiert und benutzt werden, was ein hohes Maß an Flexibilität gewährleistet. Entsprechend den bereits genannten Modulen können auch die Submodule der *Process Chain* ausgetauscht oder teilweise sogar ganz weggelassen werden[4].

---

[1] Vgl. Mohr et al. 2004 S.6.
[2] Weitere Einstellmöglichkeiten unter http://crawler.archive.org/articles/user_manual/config.html#settings
[3] Vgl. Mohr et al. 2004 S.6f.
[4] Vgl. Heritrix User Manual.

3.2 Das ARC-Dateiformat

Für die Ablage der Inhalte der Webseiten nutzt Heritrix das ARC-Dateiformat. Dies sind XML-basierte aggregierte Containerdateien, in denen die einzelnen Webdateien verlustfrei zusammengefasst werden. Mit der Bündelung von Millionen von heterogenen Dateien zu homogenen Dateien, die bis zu 100 MB groß sind, soll die Verwaltung dieser minimiert werden. Mit Hilfe von entsprechenden Indexstrukturen kann auf die ursprünglichen Objekte dabei außerdem sehr effizient zugegriffen werden. Außerdem stellt das Dateiformat sicher, dass die Originaldateien auch dann noch identifizierbar sind, wenn ein zusätzlicher Index fehlt. Nicht zuletzt ist das Dateiformat stream-able, mehrere ARC-Dateien können also zu einem Datenstrom zusammengefasst werden[1].

Nachteil bei Verwendung des ARC-Dateiformats gegenüber einer unkomprimierten Ablage ist jedoch, dass ein spezielles Werkzeug eingesetzt werden muss, welches diese Dateien auslesen und die Original-Webseiten wieder rekonstruieren kann.

3.3 Wayback

Wayback ist der Nachfolger der vom Internet Archive eingesetzten proprietären Software Wayback Machine und ermöglicht den Zugriff und die Rekonstruktion der Webseiten in Archiven aus ARC-Dateien. Dazu listet sie verfügbare URLs nach Datum auf und erlaubt nach Auswahl einer Start-URL das rekursive Browsen durch die Archivdateien. Ähnlich wie bei Heritrix war die strikt modulare Architektur eine der wichtigsten Entwicklungsprämissen, um die Software flexibel in unterschiedlichen Anwendungskontexten einsetzen zu können und den Anwendern eine leichte Anpassung der Software an ihre spezifischen Bedürfnisse und Infrastruktur zu ermöglichen[2].

Im Grunde besteht Wayback aus vier Hauptkomponenten, für die jeweils unterschiedliche Implementierungen bereitstehen und im Folgenden erläutert werden[3].

3.3.1 Query UI

Die *Query UI* ist verantwortlich für das Parsen der Suchanfragen des Nutzers und die Ausführung dieser auf dem *Resource Index*. Zudem rendert sie die Ergebnisse und stellt sie dem Nutzer in Listen oder Tabellen zur Verfügung[4]. Die klassische Implementierung dieser Komponente, die *Classic Query UI*, ähnelt der Darstellung in der Wayback Machine, bei der Resultate in Spalten nach Jahren und Tagen gruppiert dargestellt werden. Weitere Implementierungen sind die *Search Engine Query UI* und die *XML Query UI*. Bei ersterer werden die Ergebnisse in einer gerankten Liste dargestellt, wie

---

[1] Vgl. Burner und Kahle 1996.
[2] Vgl. Tofel 2007 S.1.
[3] Vgl. Tofel 2007 S.1.
[4] Vgl. ebd.

man es von Suchmaschinen kennt. Letztere verwendet eine maschinenlesbare XML-Darstellung, wenn die Anfrage beispielsweise von einem Web Service gestellt wurde[1].

3.3.2 Resource Store

Der *Resource Store* ist verantwortlich für das Abrufen der archivierten Inhalte und das Wiederherstellen der originalen Dateien und Formate[2]. Für diesen sind derzeit zwei Implementierungen verfügbar, die für die Verwendung mit ARC-Dateien geeignet sind, der *Local ARC Resource Store* und der *Http 1.1 Remote Resource Store*. Sollten die Inhalte in einem anderen Dateiformat vorliegen, müsste man eine neue Implementierung des *Resource Store* schaffen. Der *Local Resource Store* kann verwendet werden, wenn das Dateiarchiv in einem lokalen Netzwerk verfügbar ist. Zusätzlich ist er in der Lage, neuen ARC-Dateien automatisch zu erkennen und zu indexieren. Hingegen ermöglicht es der *Http 1.1 Remote Resource Store*, ein Archiv, das auf unterschiedliche Server im Internet verteilt ist, zu verwalten. Zentrale Komponente ist dabei der sogenannte *ArcProxy*, welcher eine Datenbank verwaltet, in der ein Mapping von ARC-Dateien auf Http-URLs gespeichert ist[3].

3.3.3 Resource Index

Der *Resource Index* ist verantwortlich für das Mapping von URLs, Suchbegriffen, Zeitstempeln, etc. auf spezifische Dokumente im *Resource Store*[4]. Je nachdem, welche Suchparameter verwendet werden sollen, sind unterschiedliche Implementierungen des *Resource Index* einzusetzen. Jedoch erfordert die *Replay UI* vom Index als Mindestanforderung ein Mapping von URL und Abrufdatum auf ein konkretes Dokument im *Resource Store*. Derzeit stehen fünf Implementierungen zur Auswahl. Der *Local Berkeley (BDB) Resource Index* verwendet für das Mapping eine BerkeleyDB Java Edition[5]. Der *Local CDX Resource Store Index* hingegen verwendet dafür eine sortierte CDX[6]-Textdatei. Der *Remote Ressource Index* erlaubt einen Remote-Zugriff auf verteilte DBD- oder CDX-Resource-Indexe. Der *Remote NutchWAX Resource Index* ermöglicht es, einen extern erstellen NutchWAX[7]-Index als *Resource Index* zu verwenden. Der *Alphabetic Distributed Resource Index* ermöglicht die Verteilung des Indexes auf verschiedene Hosts, die jeweils für einen alphabetisch begrenzten Teil der URLs – zum Beispiel die URLs mit dem Anfangsbuchstaben A bis G – den Index verwalten[8].

---

[1] Vgl. ebd.
[2] Vgl. ebd.
[3] Vgl. Tofel 2007 S.2.
[4] Vgl. ebd.
[5] http://www.oracle.com/technetwork/database/berkeleydb/overview/index-093405.html
[6] http://www.archive.org/web/researcher/cdx_file_format.php
[7] http://archive-access.sourceforge.net/
[8] Vgl. Tofel 2007 S.2f.

3.3.4 Replay UI

Die *Replay UI* ist verantwortlich für die Darstellung der rekonstruierten Webseiten und die Anpassung der dort enthaltenden Links, sodass diese auf die korrekten Dokumente in den Archivdateien verweisen[1]. Die Implementierungen unterscheiden sich im Wesentlichen in der Art und Weise, wie sie die Links auf den rekonstruierten Webseiten setzen. Die *Archival Replay UI* ist der *Replay UI* der Wayback Machine nachempfunden. Dabei werden die Links der anzuzeigenden Webseite so geändert, dass sie nicht mehr ins Internet, sondern auf eine Ressource im Archiv verweisen. Die *Timeline Replay UI* verfährt auf die gleiche Weise, bietet aber zusätzlich auf den angezeigten Seiten eine Zeitleiste an, die es dem Nutzer erlaubt, zwischen unterschiedlichen Versionen der Seite zu navigieren. Die *Proxy Replay UI* agiert hingegen wie ein Http-Proxy-Server. Auf diese Weise müssen die Links nicht verändert werden. Der Browser wird stattdessen so eingestellt, dass alle Http-Anfragen über diesen Proxy-Server geleitet werden[2].

4 Fallbeispiel: Die Homepage der Stadt Bamberg

Heritrix, das ARC-Dateiformat und Wayback sind so konzipiert, dass sie große Mengen von Webseiten crawlen, archivieren und verwalten können. Erste Analysen dieser Technologien durch die Entwickler beschränken sich daher auf Leistungswerte, die Angaben darüber machen, wie die Werkzeuge mit großen Datenmengen arbeiten: Bei Heritrix z.B. die Anzahl neu gefundener Dokumente pro Zeiteinheit[3] und bei Wayback die Geschwindigkeit bei der Indexierung[4]. Diese sagen jedoch wenig darüber aus, wie geeignet sie für den Einsatz in Anwendungsszenarien sind, in denen tatsächlich konkrete Informationen durch einen Anwender nachgefragt werden. Das folgende Fallbeispiel soll daher die Eignung von Heritrix und Wayback auch für lokal beschränkte Archivierungsinitiativen beleuchten.

4.1 *Einführung in das Fallbeispiel*

Das Stadtarchiv Bamberg bemüht sich seit 2009 um eine Archivierung der Homepage der Stadt Bamberg. Dabei liegt der Fokus vor allem auf der Vollständigkeit der Snapshots zur konkreten Domain http://www.stadt.bamberg.de/ und deren originalgetreue Abbildung. Die Ausweitung des Crawls auf möglichst viele andere externe Internetseiten steht hingegen nicht im Mittelpunkt[5]. Diese Art von Snapshots könnten Anwendungsszenarien bedienen, die sich mit einem regionalen Fokus auf

---

[1] Vgl. Tofel 2007 S.1.
[2] Vgl. Tofel 2007 S.3.
[3] Mohr et al. 2004 S.11.
[4] Tofel 2007 S.4.
[5] Vgl. Beckmann 15.11.2010.

die Homepage der Stadt beschränken. An dieser Stelle sollen dazu zwei fiktive Beispiele angeführt werden:

- Ein Bürger wurde zur Zahlung eines Bußgeldes aufgefordert, da er die neuen Müllentsorgungsrichtlinien nicht eingehalten hat. Er möchte sich dagegen zur Wehr setzen und erinnert sich daran, dass auf der Homepage der Stadt zur Tatzeit diesbezüglich eine Falschmeldung veröffentlich wurde. Diese Meldung ist inzwischen aber von der Homepage verschwunden[1].

- Ein Journalist möchte einen Artikel zum Neubau der Luitpoldbrücke in Bamberg und die Rolle des damaligen Oberbürgermeisters schreiben. Er weiß, dass auch der Oberbürgermeister sich zur Bauzeit mit Diskussionsbeiträgen auf der Homepage der Stadt Bamberg zu diesem Thema geäußert hat. Diese sind heute jedoch von der Homepage verschwunden.

Auch die Domain http://www.stadt.bamberg.de/ wurde bereits häufig vom Internet Archive archiviert. Dennoch hat sich das Stadtarchiv Bamberg dazu entschieden, selbst in regelmäßigen Abständen einen unkomprimierten Snapshot dieser Domain zu erstellen[2]. Sowohl die Ergebnisse des Internet Archive als auch die des Stadtarchivs Bamberg sollen im Folgenden mit einem Snapshot verglichen werden, der mit Hilfe von Heritrix, ARC-Dateiformat und Wayback erstellt und zugänglich gemacht wurde.

4.2 Snapshot des Internet Archive

Auch wenn das Internet Archive selbst die Entwicklung von Heritrix und Wayback angestoßen hat, arbeitet es aktuell noch mit Crawlergebnisse der Internetsuchmaschine Alexa und der Wayback Machine[3]. Auf die Suchanfrage „www.stadt.bamberg.de" lieferte die Wayback Machine am 09.02.2011 193 Resultate für den Zeitraum vom 02.03.2001 bis zum 11.03.2008[4]. Jedoch zeigte sich schnell, dass häufig viele Bilder und Grafiken nicht korrekt dargestellt werden und Links ins Leere führen (siehe Abbildung 5). Außerdem weist die Wayback Machine beim Browsen der Ergebnisse ein für den Laien unverständliches Verhalten auf: Es kommt nicht selten vor, dass ein Link auf eine Seite verweist, die aus einer anderen Zeit stammt als die Ursprungsseite. Dies liegt daran, dass nicht alle Seiten zu jedem Datum immer komplett archiviert wurden. Wenn die Wayback Machine eine Seite

---

[1] Vgl. IIPC 2006 S.6.
[2] Vgl. Beckmann 15.11.2010.
[3] Vgl. Internet Archive.
[4] Die Zahlen lieferte die alte proprietäre Software Wayback Machine unter der Webadresse: http://web.archive.org/web/*/http://stadt.bamberg.de . Das Internet Archive scheint aber gerade dabei zu sein, den Zugang zu seinem Archiv dauerhaft auf Wayback umzustellen. Die dazu im Netz unter http://waybackmachine.org/ verfügbare Beta-Version liefert für www.stadt.bamberg.de zwar eine Ergebnisliste mit deutlich aktuelleren Snapshots bis ins Jahr 2010 hinein, jedoch scheitert sie derzeit noch daran, diese auch anzuzeigen.

zum angeforderten Datum nicht findet, so liefert sie eine Version der Seite, die der angeforderten zeitlich am nächsten ist[1].

Leider stellt das Internet Archive die Ergebnisse eines Crawls immer erst mit einer zeitlichen Verzögerung von sechs bis 24 Monaten ins Internet, sodass keine aktuellen Snapshots der Webseite der Stadt Bamberg verfügbar sind[2]. Ein weiterer subjektiv empfundener Nachteil ist die Trägheit der Wayback Machine. Es dauert teilweise recht lange, bis die angeforderten Seiten komplett geladen wurden. Für die Auswertung wurde unter anderem ein Snapshots der Webseite der Stadt Bamberg vom 25.09.2002 herangezogen.

4.3 Snapshot des Stadtarchivs Bamberg

Das Stadtarchiv Bamberg ist ein Kommunalarchiv und verfügt mit ca. 440.000 Objekten derzeit über die größte nationale Online-Datenbank[3]. Seit März 2009 wird dort auch die Homepage der Stadt Bamberg archiviert. Man hat sich auch deshalb zu einer eigenen Archivierungsinitiative ermutigt gefühlt, da die Archivinhalte des Internet Archive zur Webseite der Stadt den eigenen Qualitätsansprüchen nicht genügt haben. Im Gegensatz zu den bisher besprochenen Methoden und Werkzeugen nutzt das Stadtarchiv für die Archivierung eine vergleichsweise einfache Lizenzsoftware[4], welche die Webseite der Stadt Bamberg crawlt und die gefundenen Dateien unkomprimiert im Dateisystem ablegt. Lediglich die Links müssen dazu neu gesetzt werden. Darüber hinaus werden die Ergebnisse manuell geprüft und nachbearbeitet, indem auch wichtig erscheinende externe Seiten, die von der Software nicht erfasst worden sind, nachträglich heruntergeladen und dem Snapshot hinzugefügt werden[5]. Die Ergebnisse sind entsprechend gut: Alle Bilder werden geladen, alle getesteten Links funktionierten auch noch bis in die tiefsten Ebenen der Seite und beim Browsen kommt es zu keinem unvorhersehbaren Verhalten. Auch das interaktive Flashbanner auf der Startseite funktioniert wie im Original (siehe Abbildung 5). Der für die Auswertung herangezogene Snapshot des Stadtarchivs vom 20.01.2010 hatte einen Umfang von 2,82 GB.

4.4 Snapshot mit Heritrix und Wayback

Auch wenn Heritrix und Wayback auf Initiativen des Internet Archive zurückgehen, sagen die Ergebnisse des Internet Archives nur wenig über die grundsätzliche Eignung dieser Software-Werkzeuge für die Archivierung der Webseite der Stadt Bamberg aus. Was – wie bereits er-wähnt - daran liegt, dass diese Ergebnisse noch mit anderen proprietären Werkzeugen zu Stande

---

[1] Vgl. Internet Archive.
[2] Vgl. Internet Archive.
[3] http://www.archivdatenbank.bamberg.de/start.fau?prj=ifaust7
[4] Der Offline Explorer Pro, verfügbar unter http://www.metaproducts.com/mp/Offline_Explorer_Pro.htm
[5] Vgl. Beckmann 15.11.2010.

gekommen sind. Andererseits liegt die Annahme nicht fern, dass das Internet Archive bei der Größe der Crawls Abstriche in der Tiefenerfassung der Webseiten und der Archivierung sehr großer Multimediainhalte in Kauf nimmt. Zur Einordung von Heritrix und Wayback musste daher für diese Arbeit ein zusätzlicher Snapshot der Stadt Bamberg erstellt werden.

Für die Verwendung ist zu bemerken, dass beide Projekte primär für Linux entwickelt werden und entsprechend derzeit eine Verwendung mit Windows nicht unterstützt wird. Bei Heritrix gibt es auch keine Installer, stattdessen ist eine Installation nur mit einigem Aufwand über die Kommandokonsole des jeweiligen Systems möglich[1]. Wayback wird hingegen in Verbindung mit Apache Tomcat 5.5 oder 6.0 verwendet. Jedoch muss die Konfiguration vor der Verwendung in entsprechenden XML-Dateien vorgenommen werden[2].

Für die Erstellung des Snapshots mit Heritrix wurden im Grunde die Standardeinstellungen übernommen. Da sowieso alles von der Homepage gecrawlt werden sollte, war es egal, welches *Frontier*-Modul verwendet wird. Bezüglich des *Scopes* wurde das *DecidingScope*-Modul verwendet. Um zu erreichen, dass lediglich die Seiten der Domain http://www.stadt.bamberg.de/ gecrawlt werden, konnte dabei auf ein Default-Set von Entscheidungsregeln zurückgegriffen werden.

Für den Zugang wurde Wayback nach dem Design-Pattern *Simple Standalone Deployment* konfiguriert, das die Verwendung der Implementierungen *Archival URL Replay UI, Classic Query UI, Local ARC Resource Store* und *Local BDB Resource Index* vorsieht[3] (siehe dazu Abbildung 4).

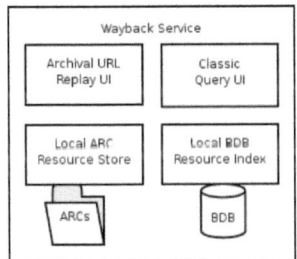

Abbildung 4· Simple Standalone Deployment Pattern für Wayback[4]

Das erzeugt Abbild der Webseite steht dem des Stadtarchivs optisch nicht nach und ist von der Originalseite nicht zu unterscheiden; es ist entsprechend der verwendeten Regeln auch komplett. Das bedeutet aber auch, dass Links auf externe Seiten nicht archiviert wurden, selbst wenn sich ihr Inhalt auf die Seiten der Stadt Bamberg bezog. Darüber hinaus geht der Seitenaufbau sehr schnell und der gesamte Snapshot ist aufgrund der Kompression in den ARC-Dateien lediglich 830 MB groß. Der Snapshot mit Heritrix wurde am 14.01.2011 erstellt.

---

[1] Vgl. Heritrix User Manual
[2] Vgl. Wayback Administrator Manual
[3] Vgl. Tofel 2007 S.3.
[4] Tofel 2007 S.4.

4.5 Vergleich der Ergebnisse

Tabelle 1 zeigt die Ergebnisse der unterschiedlichen Snapshots der Homepage der Stadt Bamberg im Vergleich. Abbildung 5 zeigt die unterschiedlichen Ergebnisse noch einmal in einer Gegenüberstellung von Screenshots der Startseiten.

Abbildung 5: Screenshots von der Homepage der Stadt Bamberg

(Quelle v.l.: Internet Archive, Stadtarchiv, Heritrix)

Es wird deutlich, dass die Verwendung der Ergebnisse des Internet Archive für das Stadtarchiv derzeit nicht sinnvoll ist. Hauptproblem ist dabei die globale Ausrichtung des Internet Archive. Crawls dauern dort bis zu mehreren Monaten, sodass man nicht wirklich von einem Snapshot sprechen kann[1]. Außerdem scheint es so, als ob zu Gunsten einer möglichst weiten Erfassung des Webs die Erfassungstiefe einzelner Seiten nachrangig behandelt wird. Dies stünde in direktem Widerspruch zu dem Bestreben des Stadtarchivs, möglichst die komplette Seite zu archivieren. Das Stadtarchiv hat mit dem Einsatz einer einfachen Lizenzsoftware einen Weg gefunden, die Webseite der Stadt in der Form zu archivieren, wie es ihren Wünschen entspricht: Sowohl die Erstellung der Snapshot als auch die Verwendung dieser ist sehr einfach und die Ergebnisse genügen den Anforderungen, auch wenn dies mit einem erhöhten manuellen Aufwand verbunden ist. Was die Qualität der Ergebnisse angeht, konnte aber gezeigt werden, dass diese auch mit Hilfe von Heritrix und Wayback möglich sind. Darüber hinaus führt die Archivierung in entsprechenden ARC-Dateien zu einer deutlichen Kompression der Daten. Der größere Vorteil bei dieser Software ist jedoch ihr strikt modularer Aufbau und das Lizensierungsmodell Open Source. Dies ermöglicht die evolutionäre Anpassung der Software an sich ändernde Methoden, Anforderungen und Techniken. Im Falle des Stadtarchivs wäre beispielsweise denkbar, dass die Archivierungsinitiative irgendwann auf weitere, die Stadt Bamberg prägende Internetseiten, wie die der Universität[2], der Brose Baskets[3] oder die der Bamberger Symphoniker[4], ausgeweitet werden soll. In einem solchen Fall könnte eine gezielte Anwendung individueller Regeln

---

[1] Vgl. Neuroth et al. 2009 S.92.

[2] http://www.uni-bamberg.de/

[3] http://www.brosebaskets.de/

[4] http://www.bamberger-symphoniker.de/

in Heritrix eine ausufernde personelle Nachbearbeitung ersetzen. Daraus ergeben sich aber auch die Nachteile des Einsatzes von Heritrix und Wayback. Eine manuelle Nachbearbeitung der Ergebnisse ist aufgrund der Sicherung in ARC-Dateien derzeit nicht wirklich möglich. Das bedeutet, dass die Regeln in Heritrix so präzise definiert werden müssen, dass eine Nachbearbeitung nicht mehr nötig ist. Generell sind die technischen und personellen Anforderungen an die Erstellung eines Snapshots noch sehr hoch. Die Tools erfordern ein gewisses Fachwissen für die Installation der Software. Probleme gibt es auch mit der Verwendung der Software auf Windows-Systemen.

	Internet Archive	Stadtarchiv Bamberg	Individueller Einsatz von Heritrix und Wayback
Fokus	Globaler Fokus	Regionaler Fokus	Regionaler Fokus
Personeller Aufwand	Personeller Aufwand bei externem Anbieter	Hoher personeller Aufwand	Mittlerer personeller Aufwand
Benutzerfreundlichkeit	Externe Erstellung des Snapshots. Verwendung für Laien verwirrend	Erstellung und Verwendung des Snapshots für Laien einfach	Erstellung für den Laien nicht möglich, die Verwendung hingegen schon
Systemvoraussetzungen	Auf Linux basierende Serverarchitektur für das Durchführen langer Crawls benötigt	Keine besonderen Systemvoraussetzungen	Auf Linux basierende Serverarchitektur für das Durchführen langer Crawls benötigt
Snapshotcharacter	Eher „ein Foto mit Langzeitbelichtung"	Echter Snapshot	Echter Snapshot
Analsysemöglichkeiten	Analyse und Einsatz unterschiedlicher Suchmechanismen unter Verwendung entsprechender Indexe möglich	Spätere Analyse und Einsatz unterschiedlicher Suchmechanismen schwer	Analyse und Einsatz unterschiedlicher Suchmechanismen unter Verwendung entsprechender Indexe möglich
Art der Speicherung	Archivierung der-Dateien beim externem Anbieter	1 zu 1-Kopie der Daten. Jedoch viele Duplikate	Archivierung in Container-Files bei guter Duplikaterkennung
Konfigurationsmöglichkeiten	Die Erstellung des Snapshots wird extern durchgeführt. Kein Einfluss auf Einstellungen und Konfigurationen	Es sind keine Anpassungen über die Konfigurationseinstellungen des verwendeten Tools hinweg möglich	Der modulare Aufbau ermöglicht eine ständige Anpassung an neueste Methoden
Lokale Ausrichtung	Es werden globale Einstellungen vorgenommen → regional nicht optimal	Einstellungen können optimal für die spezifische Webseite angepasst werden	Einstellungen können optimal für die spezifische Webseite angepasst werden
Möglichkeit zur manuellen Nachbearbeitung	Erstellung des Snapshots wird extern durchgeführt: Keine Nachbearbeitungsmöglichkeiten.	Manuelle Nachbearbeitung verbessert die Ergebnisse zusätzlich	Die Sicherung der Ergebnisse in Archivdateien macht eine manuelle Nachbearbeitung praktisch unmöglich

Tabelle 1: Vergleich der Snapshots

5 Fazit und Ausblick

Die Programme Heritrix und Wayback wurden ursprünglich mit der Ausrichtung auf das Füllen und Verwalten großer Webarchive entwickelt. Es konnte aber gezeigt werden, dass ihre Funktionalität auch für kleinere Archivierungsinitiativen geeignet ist, bei denen die primäre Zielsetzung die originalgetreue Abbildung einer oder weniger Webseiten ist.

Im Bezug auf das Vorhaben des Stadtarchivs Bamberg sind derzeit jedoch das vorausgesetzte personelle Fachwissen und die technischen Anforderungen noch ein Ausschlusskriterium für den Einsatz dieser Softwarewerkzeuge. Vorstellbar ist ihre Verwendung heute indes bereits in Institutionen, wo diese Anforderungen keine Hürde darstellen, beispielsweise im universitären Umfeld. Das Rechenzentrum der Universität Bamberg hat diesbezüglich bereits einmal über eine Archivierungsinitiative der eigenen Webseiten nachgedacht, dies bis heute jedoch nicht umgesetzt[1]. Sollte es aber dazu kommen, erscheint ein Einsatz von Heritrix und Wayback an dieser Stelle angebracht. Schließlich ist davon auszugehen, dass für die Archivierung der Webseite der Universität Bamberg eine etwas komplexere *Selection Policy* zu implementieren ist: Wie sollte beispielsweise der Virtuelle Campus[2], die Universitätsbibliothek[3], FlexNow![4] oder das online zugängliche Vorlesungs-verzeichnis[5] bei der Archivierung behandelt werden?[6]

Aus einer globaleren Perspektive wird es interessant sein, zu beobachten, welche Rolle Heritrix und Wayback in Zukunft beim Internet Archive spielen werden. Zumindest eine Beta-Version von Wayback hat das Internet Archive inzwischen ins Netz gestellt. Sie erlaubt den Zugriff auf Crawlergebnisse, die bis ins Jahr 2010 hinein reichen. Stichprobenartige Versuche mit den Domains www.spiegel.de und www.uni-bamberg.de zeigten einen deutlichen Qualitätszugewinn. Jedoch war bisher nicht ersichtlich, ob die neuen Crawlergebnisse noch immer von Alexa stammen oder ob das Internet Archive dazu inzwischen selbst Heritrix benutzt. Sollte sich der erste Eindruck bestätigen und die Qualität sich wirklich merklich verbessert haben, so könnte das für einige Institutionen ein Grund sein, doch auf eine eigene Archivierungsinitiative zu verzichten. Denkbar ist auch, dass mit der durchgehenden Umstellung auf Open-Source-Software das Internet Archive in Zukunft auch verstärkt mit den Hostern der Webseiten selbst zusammenarbeitet. So könnte man beispielsweise Schnittstellen schaffen, über welche die Betreiber Informationen für eine optimale Erfassung ihrer Webseite durch Heritrix bereitstellen.

---

[1] Vgl. Beckmann 16.11.2010.
[2] http://vc.uni-bamberg.de/moodle/
[3] https://katalog.ub.uni-bamberg.de/ubg-www/Katalog/
[4] https://flexnow.zuv.uni-bamberg.de/
[5] http://univis.uni-bamberg.de/
[6] Vgl. Beckmann 16.11.2010

Literaturverzeichnis

Beckmann, Manuel (15.11.2010): Archivierung der Webseite der Stadt Bamberg. Interview mit Gerald Dütsch. Bamberg.

Beckmann, Manuel (16.11.2010): Archivierung der Webseite der Universität Bamberg. Interview mit Martin Mai. Bamberg.

Burner, Mike; Kahle, Brewster (1996): Arc File Format. Hg. v. Internet Archive. Online verfügbar unter http://www.archive.org/web/researcher/ArcFileFormat.php, zuletzt geprüft am 08.02.2011.

Day, M. (2004): Preserving the fabric of our lives: a survey of Web preservation initiatives. In: *Research and AdvancedTechnology for Digital Libraries*, S. 461–472.

Erdélyi, M.; Benczúr, A. A.; Masanés, J.; Siklósi, D. (Hg.) (2009): Web spam filtering in internet archives. Proceedings of the 5th International Workshop on Adversarial Information Retrieval on the Web: ACM.

Heritrix User Manual. Configuring jobs and profiles. Online verfügbar unter http://crawler.archive.org/articles/user_manual/config.html#modules, zuletzt geprüft am 11.02.2011.

Heritrix User Manual. Installing and running Heritrix. Online verfügbar unter http://crawler.archive.org/articles/user_manual/install.html, zuletzt geprüft am 10.02.2011.

IIPC (Hg.) (2006). Online verfügbar unter http://www.netpreserve.org/publications/iipc-r-003.pdf, zuletzt geprüft am 10.02.2011.

Internet Archive (Hg.): FAQ. The Wayback Machine. Online verfügbar unter http://www.archive.org/about/faqs.php#202, zuletzt geprüft am 09.02.2011.

Koman, Richard; Kahle, Brewster (2002): How the Wayback Machine Works. Online verfügbar unter http://www.xml.com/pub/a/ws/2002/01/18/brewster.html, zuletzt aktualisiert am 21.01.2002, zuletzt geprüft am 07.02.2011.

Lyman, P. (2002): Archiving the world wide web. In: *Building a national strategy for digital preservation: Issues in digital media archiving*, S. 38–51.

Masanés, Julien (2006): Selection for Web Archives. In: Web Archiving: Springer Berlin Heidelberg, S. 71–91. Online verfügbar unter http://dx.doi.org/10.1007/978-3-540-46332-0_3.

Masanès, Julien (2006): Web archiving: issues and methods. In: Web Archiving: Springer Berlin Heidelberg, S. 1–53.

Mohr, Gordon; Stack, Michael; Rnitovic, Igor; Avery, Dan; Kimpton, Michael (Hg.) (2004): Introduction to Heritrix. 4th International Web Archiving Workshop.

Neuroth, H.; Liegmann, H.; Oßwald, A.; Scheffel, R.; Jehn, M.; Strathmann, S. (2009): Web-Archivierung zur Langzeiterhaltung von Internet-Dokumenten. In: Heike Neuroth (Hg.): Nestor-Handbuch. Eine kleine Enzyklopädie der digitalen Langzeitarchivierung ; [im Rahmen des Projektes: Nestor - Kompetenznetzwerk Langzeitarchivierung und Langzeitverfügbarkeit digitaler Ressourcen für Deutschland]. Version 2.0, Juni 2009. Boizenburg, Göttingen: Hülsbusch; Univ.-Verl. Göttingen, S. 88–103.

Tofel, B. (Hg.) (2007): "Wayback" for Accessing Web Archives. 7th International Web Archiving Workshop (IWAW07), Viena, Austria.

Wayback Administrator Manual. Online verfügbar unter http://archive-access.sourceforge.net/projects/wayback/administrator_manual.html, zuletzt geprüft am 10.02.2011.

Anhang

Interviewprotokoll aus der Erinnerung mit Dr. xxx, Stadtarchiv Bamberg:

Das Interview führte Manuel Beckmann mit Dr. xxx am 15.11.2010 von 13.00 – 14.20 Uhr

[...]

MB[1]: Stellen Sie das Stadtarchiv Bamberg doch bitte kurz vor.

GD[2]: Wir sind meines Wissens nach das Kommunalarchiv mit der größten Internet-Datenbank in Deutschland, dort sind derzeit bereits über 440.000 Objekte online verfügbar. Unsere Aufgabe besteht in der Aufbewahrung von historischen Unterlagen und Informationen und in der Archivierung von städtischen Unterlagen (d.h. in erster Linie Akten). Daneben archivieren wir soweit möglich auch Audio- und Videomaterial, das die Stadt Bamberg betrifft.

MB: Seit wann archivieren Sie die Homepage der Stadt Bamberg und wie kam es dazu?

GD: Erste Versuche habe ich im März 2009 versucht. Inzwischen versuche ich mindestens zwei mal im Jahr ein Backup zu erstellen. Es ist streitbar, ob die Archivierung der Webseite der Stadt Bamberg zum primären Aufgabenbereich des Stadtarchivs gehört. Unbestreitbar ist die Homepage aber inzwischen ein Sprachrohr der Stadt, über welches Dokumente und Nachrichten veröffentlicht werden. Wir hatten uns auch die Archivinhalte des Internet Archive zur Webseite der Stadt Bamberg angeguckt, haben uns aber auch aufgrund der mangelnden Qualität dort für eine eigene Archivierungsinitiative entschieden.

MB: Wie läuft eine Archivierung ab?

GD: Die Initiative geht von mir aus. Sofern sich größere Veränderungen auf der Seite ergeben, stoße ich eine Archivierung an. Dazu nutze ich das Programm Offline Explorer Pro, das alle Webseiten einer bestimmten Domäne archiviert. Dies dauert etwa einen Tag. Einen weiteren Tag lang muss ich die Ergebnisse manuell prüfen und nachbearbeiten, da dennoch viele Seiten vom Programm nicht erfasst wurden. Ich versuche dabei möglichst alle Seiten mit zu archivieren, deren primärer Inhalt die Stadt Bamberg betrifft, es bleibt jedoch immer eine Einzelfallentscheidung.

MB: Wie werden die Seiten gespeichert?

GD: Die Backups werden unkomprimiert erstellt und in unserer Datenbank abgespeichert. Ein Backup hat in etwa eine Größe von 3 GB.

MB: Wie sehen Sie Ihre Rolle als kommunaler Archivar von Webseiten?

GD: Wir nehmen meines Wissens eine Vorreiterrolle bei der Archivierung von Webinhalten ein. Mir ist gegenwärtig kein kommunales Archiv bekannt, das ähnliche Ansätze in der Form wie

---

[1] MB steht für Manuel Beckmann
[2] GD steht für xxx

18

wir verfolgt. Demzufolge stehen wir auch noch ganz am Anfang und konnten auf keine Erfahrungswerte etwa aus vergleichbaren Projekten zurückgreifen.

[…]

Interviewprotokoll aus der Erinnerung mit xxx , ITfL-Service Uni Bamberg:

Das Interview führte Manuel Beckmann mit xxx am 16.11.2010 von 12.30 – 13.00 Uhr

[…]

MB: Archiviert die Universität Bamberg die Homepage der Universität?

MM[1]: Wir haben solch eine Initiative intern schon einmal angesprochen. Jedoch erschienen uns andere Projekte dringender. Seither haben wir das nicht weiter verfolgt. Außerdem ist das kein einfaches Projekt: Der Webauftritt der Uni Bamberg beschränkt sich ja nicht nur auf die Homepage, sondern umfasst beispielsweise auch Seiten des Virtuelle Campus, das online zugängliche Vorlesungsverzeichnis, flexNow! und die Universitätsbibliothek. Es ist schwierig zu beurteilen, was tatsächlich archiviert werden sollte und was nicht.

[…]

---

[1] MM steht für xxx